Les Enfers secondaires

Patrick Bonté

Les Enfers secondaires

L'ETHER VAGUE
Patrice THIERRY
37, rue Jean-Sizabuire
31400 TOULOUSE

Couverture : Nicole Mossoux dans *Les dernières hallucinations de Lucas Cranach l'Ancien*.

© Patrice Thierry - L'Ether Vague, 1991.

ISBN 2 904 620 34 6

*Il faut que je me réjouisse au-dessus du temps,
quoique le monde ait horreur de ma joie
et que sa grossièreté ne sache plus
ce que je veux dire.*

Ruysbroeck l'Admirable

Dans une précédente version, la pièce a été présentée en novembre-décembre 1987 à Bruxelles au Théâtre du Grand Midi (direction Bernard Damien) et en janvier 1988 à Charleroi (direction Jacques Fumière).

Mise en scène : Bernard Damien.
Scénographie et costumes : Karina Lambert.
Décor sonore : Jacques Herbet.
Distribution : Sonia Bailly, Yves Degen, Marcel Dossogne,
               Servane Toullier et Françoise Villiers.

PERSONNAGES

Félicien Rops, la cinquantaine.
Léontine,
Aurélie, toutes deux une petite trentaine.
Joséphin Péladan, la trentaine.
Le modèle, Clara Blum.

DÉCOR

Paris, aux environs de 1885.
L'atelier du graveur : presse, chevalet, crayons, plaques de cuivre, burins, pointes sèches, grattoirs, bassines, etc.
Au fond, un lieu aménagé comme un petit théâtre, qui sert de décor à l'élaboration des dessins.
Divers meubles et accessoires : orgue, divan, armoire, rideaux, crâne... Un phallus géant planté sur le côté du petit théâtre.
Ces objets, notamment le phalle, peuvent être totalement transposés.

S'inspirant très librement de la vie et de l'œuvre de Félicien Rops, la pièce propose une situation précise bien qu'imaginaire.

Je souhaiterais que la mise en scène, réaliste ou non, situe ses intentions entre les pôles de l'humour et du mystère de la présence, et rende compte de certains actes dont l'*étrangeté naturelle* est inhérente au caractère obscur, fondamental et dérisoire de la création.

Rops en scène, dans un état de veille : assis, il semble dormir mais se tient relativement raide.
Aurélie en chemise entre, considère l'atelier en total désordre, les planches de croquis éparpillées, laissées vierges.
Au bout d'un moment paraît Léontine, très habillée.
Pendant toute la scène, elles s'occuperont à mettre l'atelier en ordre.

AURÉLIE. Je croyais qu'il était chez toi

LÉONTINE. Chez toi non plus ?

AURÉLIE. Dormi ici
Rien dessiné

LÉONTINE. C'est la cinquième fois

AURÉLIE. Quatrième

LÉONTINE. Et le désordre

AURÉLIE. Justement ce matin

LÉONTINE. Digne de l'artiste

AURÉLIE. Le jour de visite

LÉONTINE. Artiste en désordre

AURÉLIE. Le sacré jour de visite
de l'éditeur

LÉONTINE (*se penchant sur la table de Rops*).
Le verre est vide
ivrogne
mon chéri

AURÉLIE. Le sacré dernier délai pour ces fameuses lithographies

LÉONTINE. Justement ce matin
Il n'y a pas de hasard
dans ce désordre

AURÉLIE. Le dernier délai de l'éditeur
Il s'en fiche comme toujours
Insensé

LÉONTINE. Remettre de l'ordre dans ce hasard

AURÉLIE. Et les dessins de promotion
de la nouvelle collection
Promesses non tenues
Peut-être qu'il s'en fiche
de notre nouvelle collection

LÉONTINE (*désignant l'objet*).
Un plein cendrier par exemple

AURÉLIE. Il ne nous reste plus que
combien
quatre jours

LÉONTINE. Cinq

AURÉLIE. Se passer de lui
Insensé

LÉONTINE. Ça bâille

AURÉLIE. Bon
Du café ?

LÉONTINE. Ta chemise
ma chérie
bâille

AURÉLIE. Les seins saillent ?

LÉONTINE. Négligence négligence

AURÉLIE. Les seins saillent comme ils veulent
Libres

LÉONTINE. Désordre et négligence

AURÉLIE. Sans corset

LÉONTINE. En attendant
nous sommes en retard

AURÉLIE. Toujours en retard
Il suffit de changer l'horaire

LÉONTINE. La visite n'attend pas

AURÉLIE. Elle attendra

LÉONTINE. Et tu n'es pas habillée

AURÉLIE. Non mais
le jour où je me décide à enfiler un corset au saut du lit
les agrafes les lacets les boutons les sangles
de grand matin
non

LÉONTINE. Aucun effort jamais

AURÉLIE. J'étouffe là-dedans
je n'ai pas ta taille

LÉONTINE. Aucun compromis

AURÉLIE (*désignant ses seins*).
Les petits sont claustrophobes

LÉONTINE. Vingt-cinq ans d'éducation
le fiasco
Du temps de Mère déjà
le fiasco

AURÉLIE. Claustrophobie mammaire
Sans parler du ventre

LÉONTINE. Enfin
Je suis là pour ça

AURÉLIE. La pudeur est une prison
le corset son geôlier

LÉONTINE. Assurer la tenue de la maison

AURÉLIE. Et puis
la crinoline
qui vient coiffer le bas

LÉONTINE. Une place pour chaque chose
et chaque chose à sa place
Ça m'amuse tiens

Elle essaie de ramasser un objet par terre, la raideur de sa robe l'en empêche.

LÉONTINE. Prends-moi le crayon

AURÉLIE. Harnachée
pour recevoir Monsieur la Visite
Très belle

LÉONTINE. C'est ton idée le choix des couleurs la chaleur
des tissus

AURÉLIE. Sauf le corset

LÉONTINE. Tu ne penses pas aller seule
contre la mode entière
La collection doit marcher

AURÉLIE. Elle marchera

LÉONTINE. On pourrait doubler
le chiffre de vente

AURÉLIE. Doubler le chiffre

LÉONTINE. Avec tes conceptions

AURÉLIE. Et ta finition
ton respect des conventions

LÉONTINE. Mère avait raison
Donne-moi le crayon
et le
là
(*Elle désigne une statuette phallique*)

AURÉLIE. Oui et alors
           si Félicien pouvait terminer ces dessins
           Ce n'est pourtant pas compliqué
           une robe

LÉONTINE. Il faudrait l'obliger
           nous abstenir pendant quelque temps

AURÉLIE. Quatre jours

LÉONTINE. Cinq

AURÉLIE. Mais Léontine
           C'est lui qui s'abstient

LÉONTINE. Cela ne te ressemble guère Félicien
           Tu es si bizarre
           depuis quelque temps
           La santé
           ta santé
           Qu'est-ce qui t'arrive Félicien
           Ces nuits excentriques
           ces rêves vides

AURÉLIE. Pas bon pour le cœur ça

LÉONTINE. On passe des nuits debout
           Ensuite on s'étonne d'un état de fatigue générale

AURÉLIE. On se plaint de torpeur artistique
           d'impuissance créatrice

LÉONTINE. Il ne t'en dit pas plus ?

AURÉLIE. Quand je lui demande
           il fait le mort

LÉONTINE (*demandant à Aurélie de lui donner le moulage d'un corps*).
           Le plâtre à tes pieds
           Et ce candélabre qu'est-ce qu'il fait là
           L'atelier ne sera jamais prêt pour l'éditeur
           (*montrant le moulage*)
           C'est toi ça ?

AURÉLIE. Moi pas moi
    Je vais préparer le café
    si tu n'as plus rien à me faire ramasser

LÉONTINE. Peut-être qu'il s'ennuie de nous
    maintenant qu'il est reconnu
    et que la vie coule de source
    C'est un vieux plâtre non ?

AURÉLIE. Ne plus poser pour lui
    n'est pas un drame
    Il a besoin de modèles neufs
    Je ne peux pas sans cesse jouer la tentatrice
    de saint Antoine son meilleur dessin ceci dit

LÉONTINE. Vos fesses ne sont plus assez démoniaques
    ma chère
    Leur rondeur s'alourdit
    Ainsi pour les seins

AURÉLIE. Depuis la Tentation
    quelque chose s'est
    comme s'il m'avait épuisée
    je ne le
    Qu'est-ce qu'ils ont mes seins

LÉONTINE. Ils pêchent par trop de liberté
    Ils ont l'air un peu trop naturels
    pour qu'on les prenne au sérieux

AURÉLIE. Je devrais les mettre en banque
    Calculer les intérêts

LÉONTINE. Le corps est un trésor
    Ne rien dilapider

AURÉLIE. Econome ce matin
    Une vraie grande sœur

LÉONTINE. C'est si simple un sein
    On en fait le tour aussitôt
    Pas d'équivoque
    dans cet amas de chair
    exhibé offert

AURÉLIE. Juste le plaisir d'être nue
Le désir n'a rien à voir

LÉONTINE. Innocente

AURÉLIE (*recouvrant sa poitrine*).
Les cacher
s'en servir d'appât
Les fleurs de l'hypocrisie

LÉONTINE (*s'emparant d'un crâne et le rangeant dans un meuble*).
Le crâne ici hop

AURÉLIE. En dehors du squelette les seins
A l'extérieur de l'os

LÉONTINE. Les obsessions morbides
laisse-les-lui je t'en prie

AURÉLIE. Le lait voilà le hic
Soudain ça devient
des outres
d'où coule
le
lait

LÉONTINE. Le lait

AURÉLIE. On n'est plus
qu'une femelle à mamelles

LÉONTINE (*continuant le rangement*).
On n'aura jamais fini
Le chevalet derrière toi

AURÉLIE. Comment as-tu pu allaiter Claire

LÉONTINE. Ça n'a pas duré longtemps

AURÉLIE. Comment as-tu pu
avoir un enfant

LÉONTINE. Demande à Félicien

AURÉLIE. Félicien n'est pas encore parmi nous

LÉONTINE. Félicien est ailleurs comme toujours
surtout les jours d'importance
(*A son oreille*)
Innocent

AURÉLIE. Des enfants par milliards
Semblables
Milliards de gros petits corps
avec de méchantes grosses petites têtes

LÉONTINE. Le nôtre est différent

AURÉLIE (*ironique*).
Petite Claire
Rayon d'espoir

LÉONTINE (*parlant du rangement*).
Ah j'en ai assez

AURÉLIE. Alors quoi
je fais le café

ROPS (*émergeant brusquement de son état léthargique*).
Bonne idée le café

LÉONTINE. Enfin
Il serait peut-être temps
que tu t'intéresses à ton sort

ROPS. Mon sort mon sort

LÉONTINE. Ton sort de ce matin
Le destin c'est pour après

AURÉLIE. Tu as passé la nuit ici mon Fély ?

ROPS. Passé c'est le mot

LÉONTINE (*lui tendant les feuilles blanches*).
    Toute une nuit à ne rien faire
    Si
    Du désordre

ROPS (*sur un ton de dérision*).
    Le désordre est l'origine de la création
    de l'univers veux-je
    dire
    le fouillis la folie le chaos que sais-je

LÉONTINE. Gonflé !

ROPS. Justement je ne sais plus
    Quand l'idée surgit la nuit
    lumineuse limpide
    Au matin
    elle ne signifie plus rien

AURÉLIE. Lève-toi
    on doit s'habiller

ROPS. Nous ne devrions vivre que la nuit
    Dessiner est devenu
    Je ne suis pas habillé ?

AURÉLIE. Juste un peu de tenue
    Sois heureux de ne pas devoir porter de corset

LÉONTINE. Sans doute as-tu oublié
    la visite de ce matin

ROPS. Je l'attends depuis deux jours
    Elle n'est d'aucune parole
    Je ne peux poursuivre sans elle

LÉONTINE. Elle

ROPS. Clara
    mon nouveau modèle
    Et de toute façon

AURÉLIE (*à Léontine*).
　　　　　Clara Blum
　　　　　la putain du faubourg

LÉONTINE. Eugène Paillet
　　　　　l'éditeur
　　　　　vient ce matin
　　　　　chercher les cinq lithographies que tu lui avais
　　　　　promises

ROPS. Paillet
　　　　Ce n'est pas samedi ?

LÉONTINE. Aujourd'hui
　　　　　Il t'avait laissé un délai
　　　　　supplémentaire

ROPS. Pas samedi qu'il passe ?

LÉONTINE. Un délai supplémentaire
　　　　　au précédent délai
　　　　　supplémentaire

ROPS. Paillet Eugène président vice-président
　　　　des Editions Paillet
　　　　(*Il rit*)

AURÉLIE. Dis Fély comment tu me trouves

ROPS. Comment

LÉONTINE. Dis Aurélie tu crois que c'est le moment

AURÉLIE. Bon je fais le café
　　　　　(*Elle sort*)

ROPS. Evidemment
　　　　les lithos sont inachevées
　　　　Je n'ai pas terminé les croquis
　　　　pas même les esquisses
　　　　Dessiner est devenu un supplice

LÉONTINE. Allons allons
　　　　　Tu n'es jamais exact voilà l'affaire

ROPS. Tout ce que je fais m'est odieux

LÉONTINE. Si cette fois tu ne finis pas à temps
 le contrat
 qu'est-ce qu'il est le contrat

ROPS. Rompu
 il est rompu le contrat

LÉONTINE. Tu avais reçu une avance
 de combien
 Dépensée bien sûr

ROPS. Un miracle toujours accourt
 En dernier ressort
 l'inattendu vous visite

LÉONTINE. L'inattendu est attendu
 il s'appelle Paillet Eugène

ROPS. Qu'est-ce qui t'arrive Léon
 Tu ne m'aimes plus ?

LÉONTINE. C'est malin

ROPS. Et l'atelier
 qu'est-ce qui lui est arrivé à l'atelier
 le chevalet les crayons les pinceaux
 je ne les avais pas laissés là

LÉONTINE. J'ai un peu rangé
 Ne pas donner une image catastrophique
 de ta confusion nocturne

ROPS. Horreur de ça
 Paillet n'est pas une raison
 Il m'accepte comme je suis

LÉONTINE. Il t'acceptera d'autant
 que tu lui ressembles

ROPS. C'est ton souhait ?

LÉONTINE. Je pensais que si tu avais passé la nuit
    seul
      c'était pour travailler

ROPS. Où est mon crâne

LÉONTINE. L'armoire

ROPS. Tout ce propre
    Ça sent l'hôpital ici

LÉONTINE. Que révèle la nuit
      qui le jour est inavouable

ROPS. Plus rien
    Rien ne vient
    Je fais dans le bête et le banal
    La nuit elle est morte

LÉONTINE. Tu ne veux pas répondre

ROPS. Peut-être devrais-je
    partir
    voyager dans le Sud
    le soleil
    l'Afrique le désert

LÉONTINE. Inutile

ROPS. Et vers l'Est
    la Hongrie de mes ancêtres

LÉONTINE. Quels ancêtres mon Dieu

ROPS. Ou alors m'isoler dans une campagne
    aller planter des choses

LÉONTINE. La nature c'est sublime
      mais à la longue
      fatigant

Un temps.

ROPS. Allez viens

LÉONTINE. Ce n'est pas le moment
　　　　　Je suis habillée

ROPS (*prenant un crayon*).
　　　Ce crayon n'a pas l'air dans son assiette
　　　Il va casser
　　　(*Ce qu'il fait*)

LÉONTINE. Tu as envie de moi ?

ROPS. Envie pas envie
　　　La nuit me prend l'énergie
　　　Ça n'avance pas
　　　Je n'ai plus envie d'avancer

LÉONTINE. Tu n'as plus envie

ROPS. J'ai chaud
　　　J'ai la langue pâteuse
　　　J'ai de plus en plus de mal à me supporter
　　　Et ce café
　　　Je tire cette redingote
　　　(*Il l'enlève*)

LÉONTINE. Plus envie

ROPS. Rien ne va plus
　　　C'est la grande foire
　　　(*Saisissant deux feuilles blanches*)
　　　Laquelle préfères-tu

LÉONTINE. Aurélie non plus ?
　　　　　Plus envie d'Aurélie ?
　　　　　Tes femmes ne te suffisent plus ?

ROPS. Je vous aime bien sûr
　　　Le doute s'arrête à vous
　　　Mais

LÉONTINE. Le monde est sans pitié Félicien
　　　　　sans secours

ROPS. Première nouvelle

LÉONTINE. Ne joue pas avec notre bonheur

Rops éclate de rire.

LÉONTINE. Le bonheur te fait rire ?

ROPS. Le malheur également

LÉONTINE. La journée est bien partie

ROPS. D'une façon disons plus crispée

Un temps.

LÉONTINE. Qui est cette Clara que tu attends
           Je la connais ?

ROPS. Justement je pensais à elle
      Toute la nuit j'ai pensé à elle
      J'essayais de me la représenter nue
      Elle a un air et des manières de momie
      Je crains que le corps ne suive
      la ligne osseuse du visage
      Et j'ai besoin de rondeurs plutôt modernes
      pour les lithos de Paillet
      Mais c'est précisément ça qui me trouble
      me trouble
      que le désir vienne d'un corps
      dont chaque ligne répète
      qu'on n'aime qu'un futur squelette
      Moi je marche avec le siècle
      Il me faut l'ampleur des courbes
      la puissance des galbes
      l'abondance des chairs

LÉONTINE. Je sais

ROPS. Et le sexe des maigres
      D'ordinaire le ventre prend le centre
      du regard c'est l'espace qui ouvre et ferme le pubis
      et les cuisses et les fesses confirment sa plénitude
      la vulve est un secret naturel
      la base émouvante du ventre

> Chez les maigres pas de ventre
> l'os traverse clairement la cuisse
> les fesses serrent frileusement l'anus
> la vulve alors énorme
> saillie
> apparaît comme une volupté incongrue
> un brutal point d'exclamation
> rompant l'élancé des lignes

LÉONTINE. Elles n'ont pas droit au sexe ?

ROPS. Elles en sont d'autant plus
> étranges
> Elles sont vraiment le sexe en marche
> le sexe délibéré totalement là
> Fascinant

LÉONTINE. Moi j'ai des kilos à

ROPS. Car il n'y a pas d'os dans le sexe
> L'os en soi est beau
> le sexe de son côté admirable
> mais l'un et l'autre n'ont rien à voir

LÉONTINE. Le goût du sexe vous réveille mon chéri ?
> On est presque prêt à vivre ?

ROPS. Je me laisse prendre à chaque fois
> Bon
> Eh bien puisque l'atelier est en ordre
> nous allons pouvoir opérer
> imaginer un décor inédit
> où poser le modèle

LÉONTINE. Inédit inédit
> Toujours les mêmes obsessions
> le même matériel à fantasme
> (*Elle tire une housse découvrant le phallus en stuc*)

ROPS. Eh oui
> rien que quelques idées

LÉONTINE (*s'inclinant devant le phallus*).
> Gloire à toi Seigneur

ROPS. J'aimerais renouveler la collection d'amours
 ces angelots m'agacent
 J'en voudrais de plus ricanants
 avec de mignons petits crânes
 qui flotteraient dans les airs
 au-dessus du divan

LÉONTINE. Des satyres quoi

ROPS. Mais pas trop grecs
 pas ces espèces de romains de l'Académie
 Des angelots malicieux et lascifs
 des angelots fin de siècle

LÉONTINE. Allons bon
 où trouver des anges dilettantes

ROPS. Des poupées qu'on trafiquerait
 Il manque un monocle
 à ce crâne
 Et des tissus de longs voiles
 qui descendent lourdement
 (*Désignant le petit théâtre*)
 Comme ça tout est raide
 Des velours
 rouges de préférence
 Ils peuvent être usés
 Je préfèrerais
 Si tu pouvais m'en ramener de l'atelier
 Des chutes de robes
 de la moire et des étoffes
 des tapis
 du tulle baroque
 et quelques guipures de la dentelle
 des chapeaux des jarretières noires

LÉONTINE. Pour les modèles alors ?

ROPS. Pour les modèles leurs cuisses leurs bras

LÉONTINE. Qu'est-ce qu'elle a
 de particulier
 cette Clara ?

ROPS. La mort je te l'ai dit
    le sexe de la mort

LÉONTINE. Tu comptes coucher avec ?

ROPS. Quelle importance

LÉONTINE. Elle a comme l'air
    de n'être pas
    qu'un modèle

ROPS. Laisse le désir aller
    comme il doit

LÉONTINE. Trop facile

ROPS. La vérité de l'instant
    ne vivre que ça

LÉONTINE. Ça ne veut rien dire
    mon amour

ROPS. Le plaisir est libre spontané

LÉONTINE. Ta légèreté te perdra

ROPS. Je partirai par le coeur
    c'est une évidence
    une évidence

LÉONTINE. Un jour
    j'en aurai assez
    de toutes tes fredaines

ROPS. Jalousie

LÉONTINE. Les flammes d'un jour
    les rencontres par hasard
    les petits voyages impromptus

ROPS. Egoïsme

LÉONTINE. Et Aurélie aussi

ROPS. Dix ans
    et tu n'as toujours pas compris

LÉONTINE. Pas accepté

ROPS. Dix ans de vie commune
    le fiasco
    sur ce sujet seulement mais enfin

LÉONTINE. Je t'aime je n'y puis rien
    je t'aime tant
    trop sans doute j'en souffre

ROPS. Où est Aurélie
    elle manque à la scène

LÉONTINE. Tu ne sais rien de la passion
    Comment peux-tu comprendre

ROPS. Accepter

LÉONTINE. Tu te trompes en nous trompant

ROPS. Le désir d'autres femmes
    ne fait que confirmer
    et amplifier
    celui que j'ai pour toi
    et Aurélie

LÉONTINE. Une belle générosité

ROPS. La possession d'un corps
    ne donne aucun pouvoir
    sur lui
    Rien ne donne de droit
    sur personne
    On n'appartient pas
    Il n'y a que la majorité des hommes
    pour penser le contraire
    Quel bavardage
    de grand matin
    Léontine je ne pourrai plus supporter
    ce genre de conversation

entre nous
   Et d'ailleurs
   j'ai du travail
   rien n'est prêt
   il est temps
   (*Il renverse un pot d'acide, se met à rire*)
   Et voilà et voilà
   on s'énerve et on casse

Aurélie entre : elle est toujours aussi débraillée, mais porte un corset recouvert d'un déshabillé noir.
Elle tient une grande paire d'ailes dans les mains.

AURÉLIE. Alors alors ici
   de quoi s'agit-il

LÉONTINE. Aucun problème
   Il est lancé

ROPS. Et ce café

AURÉLIE. Tu voulais du café ?

LÉONTINE. Aucun problème
   Je m'en charge
   (*Elle sort*)

ROPS. Allez l'énergie revient
   illusion bien sûr
   autant y croire
   vivre est un problème de foi

AURÉLIE. Qu'est-ce que je fais des ailes

ROPS. Où les as-tu trouvées

AURÉLIE. Retrouvées
   Léontine les avait rangées

ROPS. Elles sont pas mal

AURÉLIE. Où les mets-je
   Maître

ROPS (*réagissant au mot*).
   Ne commence pas

AURÉLIE. Où

ROPS (*répétant, ironique*).
   "Maître"

AURÉLIE (*hésitant entre elle et le phalle*).
   Sur le sujet
   ou sur l'objet

ROPS. Depuis Rubens il n'y a pas
   de maître

AURÉLIE. Dans le dos du sujet
   ou entre les choses de l'objet

ROPS. L'objet
   le dos de l'objet
   Où ont disparu mes grandes feuilles
   (*Il les cherche*)

AURÉLIE (*tentant d'accrocher les ailes au phallus*).
   De la poussière
   (*Elle frotte tout autour*)
   Il faudrait repeindre
   Ça s'écaille de partout

ROPS (*retrouvant des feuilles*).
   Ah
   Mais non

AURÉLIE. Evidemment
   Ça ne tiendra pas tout seul

ROPS. Les toutes grandes
   Je les avais hier
   Elles ne se sont pas envolées

AURÉLIE (*se contorsionnant autour du phallus pour y plaquer les ailes*).
   Dis Fély tu regardes
   Je ne vais pas rester des heures

Rops regarde, rit.

ROPS. Attends
    (*Il cherche un chapeau, le trouve, un haut-de-forme, en coiffe le phalle*)
    Une mitre ce serait mieux
    Une couronne d'épines
    avec une auréole

AURÉLIE. Je peux te coudre une guirlande

ROPS. Un crâne
    à la place du gland
    Des jambes de crapaud pendant de part et d'autre

Aurélie s'est dégagée du phalle et tente de s'arrimer les ailes dans le dos. Rops a pris la redingote et en entoure le phalle.

ROPS (*s'inclinant*).
    Maître
    Bon
    ces feuilles

AURÉLIE (*les ailes accrochées, marchant à pas rapides, faisant mine de s'envoler*).
    Oula oula la sensation
    C'est pas mal les anges
    les anges du mal

ROPS. Tiens un corbeau
    ce serait pas mal un corbeau
    au-dessus de l'orgue

Rops se met à chercher les feuilles; Aurélie se débarrasse des ailes et ouvre le déshabillé, faisant apparaître son corset.

AURÉLIE. Que penses-tu de ma dernière invention
    le corset lâche
    le corset non serrant
    qui se quitte de lui-même
    qui suggère aussitôt son inutilité
    Le ventre est ainsi
    libre de s'épanouir
    sans être trop présent

ROPS. J'aime le négligé
　　　　mais je préfère la grande lanière
　　　　qui passe sous les seins
　　　　Tu sais ?

AURÉLIE. Impossible en société les seins

ROPS. Hélas

AURÉLIE. Autre avantage du corset mou
　　　　　combiné avec le déshabillé noir
　　　　　pour usage privé ceci
　　　　　on détache par l'avant
　　　　　et alors glissando glissando
　　　　　et nous voilà
　　　　　(*Dos à Rops, elle découvre ses fesses nues et s'immobilise*)

ROPS. Oui oui oui

AURÉLIE. Que penses-tu

ROPS. J'ai déjà gravé cela dix fois

AURÉLIE. Pas avec moi
　　　　　pas de cette façon

ROPS. Le sujet est inépuisable

AURÉLIE. Alors

ROPS. Moi je ne le suis pas
　　　　Même si c'est tentant
　　　　Ta fente qui engouffre l'œil
　　　　comme une queue
　　　　Si simple le désir si simple

AURÉLIE. Félicien
　　　　　les grandes feuilles
　　　　　je crois
　　　　　qu'elles sont dans l'armoire

ROPS (*allant à l'armoire*).
　　　Décidément

AURÉLIE. J'aimerais que tu me dessines ainsi
  j'aimerais
  que mon cul
  s'imprime dans l'esprit des hommes
  qu'il obsède leur mémoire
  J'aimerais
  que mon cul
  entre dans l'éternité

ROPS. Je ne sais pas si mes gravures iront jusque-là

AURÉLIE. Ils ne cesseront jamais d'enfanter
  et ton art est l'avenir

ROPS. Et puis
  il faudrait le mettre en situation

AURÉLIE. Le cul
  est une situation
  en soi

ROPS. Une situation bien typée
  Un médecin loucheur qui cherche
  à la loupe
  des ecchymoses
  Un notaire qui recense des traces
  Quelque chose de drôle
  ou d'excitant

Aurélie toujours dans la même position, a saisi un éventail et joue à le passer devant son postérieur.

ROPS. Un cul concupiscent
  large et fier
  Des fesses d'été
  éblouissantes
  prises dans une lumière lente

AURÉLIE. Qu'est-ce que tu attends

ROPS. Tout cela je l'ai déjà fait

Prenant l'éventail, Rops le remplace par un loup.

Il ricane.
Silence.
Aurélie retire le loup.

AURÉLIE. Le cul de ta femme

ROPS. Oui

AURÉLIE. Si tu ne le peins pas
            alors prends-le

ROPS. De grand matin
      avec le modèle qui va arriver
      et Paillet en plus

AURÉLIE. Je ne te plais plus
            ou quoi
            Je te laisse
            de glace
            ou quoi

ROPS. Pas maintenant
      J'ai besoin de paix de vide

AURÉLIE. Quand est-ce
            maintenant
            Il y a un certain temps déjà
            que ce n'est pas maintenant
            Cela ne te ressemble guère
            Qu'est-ce qui t'arrive Félicien
            Tu peux tout nous dire
            l'inavouable
            l'insensé
            Tu le sais pourtant
            et tu ne parles plus
            Ton silence est une offense
            comme si la confiance avait fondu
            ou quoi
            Même Clara Blum
            on n'en sait rien de Clara Blum
            une prostituée et ensuite
            où l'as-tu rencontrée
            d'où vient-elle
            comment veux-tu qu'on l'accueille

ROPS. Comme vous voulez
    Il est temps qu'elle arrive

Entre Léontine, les bras chargés d'étoffes, de tissus et d'un corbeau empaillé.

LÉONTINE. Alors alors ici
    de quoi est-il question

AURÉLIE. Félicien ne connaît plus que
    le cul de
    Clara

Elle laisse tomber sa robe, s'installe à l'orgue, commence à jouer, au hasard, et chantonne.

ROPS (*plongeant sur le corbeau*).
    Il est pas mal
    Où l'as-tu trouvé

LÉONTINE. Il dormait dans une armoire
    (*Désignant l'étoffe*)
    La couleur te plaît ?

ROPS. Oui
    oui c'est parfait

AURÉLIE (*continuant à chantonner, en sourdine*).
    Le cul de Clara
    le cul de Clara

LÉONTINE. Une prostituée ça coûte
    et ça
    n'apporte que la
    syphillis
    le mal qui rend fou

ROPS. Je suis déjà atteint

LÉONTINE. Mon pauvre Félicien
    tu divagues
    Rappelle-toi Baudelaire
    le cher Charles

>   paralysé
>   les yeux perdus
>   ânonnant comme un enfant
>   qui apprend l'alphabet
>   Le grand poète
>   victime des putains

ROPS. Je n'aime pas
       que tu parles de lui ainsi

LÉONTINE. Je te mets en garde c'est tout
           l'exemple est édifiant

ROPS. Comment oublier sa mort

LÉONTINE. Incroyable
           et pourtant

ROPS. Cet effondrement

LÉONTINE (*demandant à Aurélie d'arrêter de chantonner*).
          Aurélie

Aurélie s'arrête et se retourne, faisant face à Rops de manière délibérément provocante.

ROPS. L'art ne délivre de rien

LÉONTINE. Il le devrait ?

ROPS. La seule assurance est l'angoisse
       l'incertitude

LÉONTINE. Voilà du neuf

AURÉLIE. Voilà du nôtre

ROPS. Mon œuvre n'est que périssable

AURÉLIE. Tu passeras les modes et les époques

LÉONTINE. Ce souci de la postérité
           jamais compris cela

ROPS. Je sens s'agiter en moi des tumultes
        dont je ne trouve pas la forme
        à quoi je ne parviens pas à donner corps
        Ça gratte ça racle
        Ça cogne
        Une énergie monstrueuse
        qui m'épuise

AURÉLIE. Dessine des monstres

LÉONTINE. Aurélie

ROPS. Les monstres soulagent
        et après

AURÉLIE. Après tout recommence c'est connu

ROPS. Imaginer l'impensable
        même cela ne rime à rien
        J'aimerais n'avoir rien à faire
        rien à dire

LÉONTINE. Impensable

ROPS. Etre là comme un arbre

AURÉLIE. Un corps abandonné
        ouvert au vent

ROPS. Je suis prisonnier de ma gravure
        Comprenez-vous cela
        Mon œuvre est une contrainte
        une contrainte illusoire
        une contrainte
        Savoir la vanité de ce travail
        et continuer

LÉONTINE. C'est l'argent qui t'empêche d'arrêter ?

ROPS. L'argent !

AURÉLIE. Prends-toi du temps mon Fély
        laisse-toi couler
        voyage peut-être

LÉONTINE. Innocente

ROPS. Et le pire

LÉONTINE. Le pire

ROPS. Le pire c'est que j'ai peur
       j'ai peur de devenir vieux
       de ne plus pouvoir aimer
       ce qui serait
       ce qui serait

LÉONTINE. Tu n'as aucune crainte à avoir

AURÉLIE. Voyons mon Fély
       Absurde vraiment

LÉONTINE. Qu'est-ce à dire d'ailleurs

AURÉLIE. Si c'est cela qui te préoccupe
       et te coupe de nous
       non vraiment

LÉONTINE. Ta force est vive
        comme au premier jour

AURÉLIE. Alors cette abstinence ces derniers temps
       nous rend folles tu comprends

LÉONTINE. Aurélie

AURÉLIE. L'incident est clos Fély

LÉONTINE. Tu dois te reprendre en mains
       laisser ces soucis

Tandis que Léontine déploie les tissus qu'elle avait apportés dans le petit théâtre, Rops s'approche d'Aurélie, la touche d'une façon absente.

ROPS. Ma présence ici
       avec vous
       tout à coup
       je ne la saisis pas

Silence.

ROPS. La vie est improbable
   la mort

AURÉLIE. Mais alors
   il n'y aura plus personne
   rien
   Triste ça tu sais

ROPS. Une sensation âcre

Un temps.

LÉONTINE   (*étalant et accrochant les étoffes*).
   Ma chérie tu veux m'aider ?
   Tenir là
   Il faut donner un caractère plus enlevé
   et à la fois plus chargé
   plus vivant si tu permets Fély
   Plus haut ma chérie
   (*Terminant*)
   Accrochage provisoire
   Je vais chercher le reste
   (*A Aurélie qui défait son corset*)
   Eh bien qu'est-ce qui t'arrive

AURÉLIE. Cette fois j'en ai assez
   Même ce corset-ci
   intenable
   Tu verras dans dix ans
   plus aucune femme n'en portera
   Et là
   j'en connais une qui regrettera
   de ne pas m'avoir écoutée
   A propos
   Fély
   s'il te plaît
   les dessins de la nouvelle collection
   cela devient plus qu'urgent
   tu avais promis

LÉONTINE (*à Rops*).
             Tu pourrais faire un effort
             sinon pour moi
             pour la petite au moins

AURÉLIE. La petite
             te propose de venir poser en costume
             avec la grande
             ce matin même
             en attendant Paillet et consort

LÉONTINE. A propos de visite à propos
             je la sens qui s'en vient
             Bon dépêchons pour l'atelier
             je vais chercher le reste
             et le café au fond
             Rhabille-toi malheureuse
             la nudité ça fait peuple

Léontine sort.

AURÉLIE. J'ai grossi non ?
             Je reste désirable ?
             (*Un temps*)
             Ça ne t'excite pas
             que je sois nue ?
             (*Un temps*)
             Je prends la pose ?
             Lubrique ?
             Enjouée ?
             Ingénue ?
             Quoi ?
             Qu'est-ce qui te ferait plaisir ?
             (*Un temps*)
             A quoi penses-tu ?
             (*Un temps*)
             Et les modèles ?

ROPS. Les modèles

AURÉLIE. Ça ne les excite pas
             d'être livrées à ton regard

ROPS. Elles n'en laissent rien voir

AURÉLIE. Pourtant ton crayon les croque
il les prend tout entières
Elles te donnent leur sexe
leur pudeur leurs secrets

ROPS. Elles ont besoin d'argent

AURÉLIE. Et toi quand tu les vois
ainsi
disponibles

ROPS. La nudité est toujours troublante
mais le corps est difficile
surtout celui d'aujourd'hui
Et puis les rôles sont clairs
elles sont sur la scène
je les dirige et les suis d'en bas

AURÉLIE. Le théâtre rassure

ROPS. C'est sa fonction

AURÉLIE. Qu'est-ce qu'il a de particulier
le corps d'aujourd'hui

ROPS (*s'énervant*).
Mais tout est particulier
Le corps fin de siècle
n'est pas celui de la Renaissance
Les nouvelles domestiques qui montent à Paris
qui acquièrent si vite l'esprit
mais qui conservent le style campagne
il faut qu'on sente le jarret de labour sous la jupe immaculée
il faut montrer leur regard électrifié par la vie moderne
mais qui regrette les pâtés normands
(*Se moquant de lui :*)
Il faut
Il faut
Il y a dans les corps et les visages des femmes
une langueur volontaire
une précision indécise
qui font le charme et l'ambiguïté de l'époque
C'est cela que je veux révéler

>   dans le moindre pli de peau
>   aux commissures des lèvres
>   dans les rides
>   Pourquoi je t'explique tout cela
>   Mais pourquoi je

AURÉLIE. Et mon corps
>   qu'est-ce qu'il a de particulier

ROPS. C'est le tien
>   Je crois que
>   je vais tenter de
>   me mettre au travail
>   après tout

AURÉLIE. Par quoi commence-t-on
>   les robes ou le corps

ROPS. Et puis non

Léontine entre, suivie à distance d'un personnage excentrique et impressionnant : Joséphin Péladan.

LÉONTINE. Il y a une visite pour vous Félicien
>   (*Voyant Aurélie nue, elle se retourne vers Péladan*)
>   Un instant je vous prie
>   Monsieur Mérovack

PÉLADAN. Mérodack

AURÉLIE (*se rhabillant*).
>   Les robes alors

ROPS. Mérodack ?

PÉLADAN (*entrant*).
>   Joséphin Mérodack Péladan

ROPS. Ah c'est vous
>   oui bien sûr entrez

LÉONTINE. Monsieur Mérodack représente les Editions

PÉLADAN. Mais pas du tout ce n'est pas

LÉONTINE. En l'absence de monsieur Paillet souffrant

PÉLADAN. Paillet ?

LÉONTINE. Venez Aurélie
nous allons laisser ces messieurs entre eux

Elles sortent.

PÉLADAN. Je suis désolé votre femme se trompe

ROPS. Ce n'est pas grave

PÉLADAN. Je vous dérange en plein travail peut-être

ROPS. Pas du tout au contraire

PÉLADAN. La personne qui vient de sortir :
l'un de vos modèles ?

ROPS. Non ma femme

PÉLADAN. Votre femme

ROPS. La sœur de ma femme

Aurélie entre, un sein négligemment nu, achevant de troubler Péladan.

AURÉLIE. Excusez-moi
Félicien
Et si vous-même vous nous dessiniez des robes
Vous êtes si doué pour les reproduire
Pourquoi pas les créer directement
selon votre inspiration

ROPS. Je ne sais pas

AURÉLIE. Pensez-y Fély

ROPS. Aurélie auriez-vous l'obligeance de nous apporter du café
ou Léontine si cela vous est difficile
dans l'état où vous êtes

AURÉLIE. Mais certainement Fély
    Nous vous aimons trop
    pour ne pas répondre à vos désirs
    si extravagants si simples soient-ils
    (*Elle sort*)

PÉLADAN. L'idée
    est excellente
    excellente

ROPS. Le matin m'est pénible
    Le café aide à concerner le
    à concentrer les

PÉLADAN. Je parlais des robes
    Nul mieux que vous n'a compris la toilette
    vous en avez fait un moyen expressif d'une intensité
                                                incroyable
        vous avez
        niché c'est le mot
        les sept péchés capitaux dans un pli d'étoffe

ROPS. Quelqu'un m'a parlé de vous
    je ne sais plus qui

PÉLADAN. Cette femme

ROPS. Mais qui m'a parlé de vous

PÉLADAN. Cette sœur
    a été
    si je puis me permettre
    a inspiré plusieurs de vos compositions ?

ROPS. Il y a deux ou trois ans que je ne la fais plus poser
    Je l'aime je la connais trop

PÉLADAN. Elle a ce sourire indéfinissable
    ce sourire que j'appellerai
    de perversité franche

ROPS. Ah bon

PÉLADAN. Cher Maître vous avez réellement créé un sourire
    on ne trouve cela que chez vous

ROPS. Les modèles
    si on veut les saisir de manière satisfaisante
    il faudrait les observer des jours durant les écouter
    les suivre en être amoureux
    et alors nous ne sommes plus dans l'art
    nous entrons dans la vie
    et le mystère disparaît
    Le modèle idéal ne cesse d'intriguer
    Qu'est-ce qu'un corps sans sortilèges

PÉLADAN. Un Dieu sans évangiles certes

ROPS. Pourquoi je vous raconte cela

Un temps.

PÉLADAN. Votre œuvre manque d'une exégèse
    qui lui rende justice
    J'aimerais écrire sur vous

ROPS. Oui c'est Barbey
    Barbey d'Aurevilly qui m'a parlé de vous
    Barbey sacré Barbey

PÉLADAN. Le plus grand écrivain d'aujourd'hui
    après Balzac

ROPS *(s'approchant de façon incongrue du nez de Péladan).*
    Sans doute
    Je me méfie des superlatifs

PÉLADAN. Le plus grand parmi les catholiques tout au moins
    Hors des religions il n'y a pas de grand art

ROPS. Hors de la métaphysique

PÉLADAN. Hors de la spiritualité chrétienne
    Chrétiens nous le sommes tous
    et mon cher
    vous êtes le premier à avoir actualisé avec force

                Satan
                le vieux Satan qui réapparaît cynique et moderne
                qui sème sous nos cieux ses créatures monstrueuses

ROPS. J'utilise l'imagerie disponible
                Mais asseyez-vous
                Et puis Satan il est drôle
                c'est un farceur au fond

PÉLADAN. Un farceur
                (*Cherchant un siège, il ne trouve que les testicules du phalle; regard interrogateur vers Rops*)

ROPS. C'est solide

PÉLADAN (*s'asseyant*).
                Certes
                mais ce qui frappe l'œil
                c'est que dans vos gravures
                les athées les positivistes
                apparaissent comme les possédés d'aujourd'hui
                l'homme possédé de la femme
                la femme possédée du diable

ROPS. Le diable dupé par les femmes
                voulez-vous dire

PÉLADAN. Ce qu'il y a de pervers en l'homme
                c'est la femme
                Vous l'illustrez à merveille

ROPS. J'illustre cela ?

PÉLADAN. Ne vous moquez pas
                Plus la femme a d'importance et de pouvoir dans une civilisation
                plus la décadence est grande

ROPS. La fin est en vue enfin

PÉLADAN. Eh oui la fin

ROPS. En ce sens la décadence me plaît plutôt

> La liberté sexuelle devrait y être absolue
> élargie aux enfants
> Qu'est-ce que ces histoires
> Aucun préjugé n'est justifiable aucun interdit

PÉLADAN. Malheureux
> que faites-vous du péché
> du sentiment délicieux de la transgression
> du repentir

ROPS. Je ne les ai jamais connus

PÉLADAN. Inouï

ROPS. Toute cette vieillerie hypocrite
> curés juges militaires
> rôles préhistoriques
> Mais que vous ont-elles fait les femmes

Léontine, chargée, entre brusquement.

LÉONTINE. Ouh
> je dérange

PÉLADAN. Mais pas du tout ce n'est pas

LÉONTINE. J'en ai pour un moment
> Poser ces quelques coussins cette dentelle
> ce vase
> Qu'en pensez-vous Fély

ROPS. Oui

Elle se tourne vers Péladan.

PÉLADAN. Très beau
> certes
> un peu italien

LÉONTINE. N'est-ce pas monsieur Paillet
> vous non plus
> vous pensez que ce vase a sa place
> dans le petit théâtre
> pour figurer un décor décadent

PÉLADAN.   Je ne sais que dire Madame

LÉONTINE.   Vous ne trouvez pas que les vases
        comme les femmes
        sont les emblèmes typiquement fin de siècle

ROPS.   Léontine
    ce café

LÉONTINE.   Le café est un poison pour le foie
        Félicien nous vous aimons trop
        pour risquer d'abîmer votre santé

PÉLADAN.   Votre femme si c'est bien elle
        a raison

ROPS.   Le café un poison

LÉONTINE   (*sortant*).
        Messieurs

Rops se lève, demeure debout devant Péladan qui finit par se lever lui aussi.

ROPS.   Excusez-moi

Il ouvre le couvercle du testicule, en extrait une bouteille de vin et deux verres.

ROPS.   Aux grands maux les grands
    Vous aimez le vin ?

PÉLADAN.   Naturellement
        Mais pourquoi me confond-elle avec ce Paillet

ROPS.   Ce qui s'appelle prendre ses désirs pour des réalités
    Un Brouilly jeune vous convient ?
    De grand matin
    mais enfin il n'y a pas d'heure
    pour se laisser caresser le palais

Ils boivent.

ROPS. Le vin
    c'est ma maman
    une maman qui vous berce dans sa robe
    vous soulève sa jupe et cætera l'inceste aussitôt

Un temps.

PÉLADAN. Vos origines
      Vous auriez du sang hongrois

ROPS. Oui
    sans doute
    mes ancêtres
    Mais je suis né à Namur Belgique
    Namur
    (*Il éclate de rire*)

PÉLADAN. Je ne connais pas malheureusement

ROPS. Une ville vertueuse

PÉLADAN. Je ne suis jamais monté là-haut

ROPS. Un pays neutre
    d'une neutralité commerçante dirions-nous
    éternels épiciers
    Là-bas on peut tout dire
    personne n'écoute
    La grande indifférence des brumes du Nord
    la marée basse de l'esprit

PÉLADAN. Paris ne vaut guère mieux

ROPS. Ces brouillards sont tenaces
    on les aime malgré soi
    Je suis hanté par cette idée fixe
    me manifester aux Belges
    ma perversion à moi

PÉLADAN. Un attachement au pays
      quoi de plus naturel

ROPS. Une faiblesse
    et les voyages ne suffisent pas
    à effacer la trace

Silence.

ROPS. Quelle trace
    mais celle indélébile là comme un chancre
    (*Il se masse mollement le front*)
    Ça tourne en rond ici
    on n'avance pas
    on fait ses petits dessins et après

PÉLADAN. Mais au contraire pas du tout
    Vous êtes à la pointe de la modernité
    On vous sent conscient du passé
    sans jamais être retenu par lui

ROPS. Moderne ou pas je ne sais pas
    Juste que je vais assez droit
    Voyez
    (*Il marche en ligne droite dans l'atelier*)
    Tout droit
    et puis hop on tourne
    et retour
    toujours aussi droit
    Mais votre verre est vide mon vieux
    (*Il le ressert*)
    Vous m'êtes sympathique
    Alors
    (*Un temps*)
    (*Le verre de Péladan dégouline*)
    Cela goutte
    Vous trouverez une serviette dans la seconde

Péladan ouvre précipitamment le second testicule et en ressort une serviette dont il éponge son verre.

ROPS. Les sexes remarquez ont un visage
    Souvent même ils sont un visage
    avec les yeux la bouche la barbe
    un tronc robuste
    enfin
    (*Un temps*)
    Que faire

PÉLADAN. L'art possède une fonction rédemptrice
                qui le fonde et l'autorise
                Je m'étonne qu'elle ne vous soutienne pas

Rops s'effondre, Péladan se lève de saisissement.

ROPS. Ecoutez
       L'art n'est pas un phénomène utilitaire
       Aucun but
       surtout pas celui d'éclairer les masses
       nous sommes bien d'accord
       Les masses l'art démocratique et social
       non vraiment
       (*Il se relève*)
       C'est le cœur excusez-moi
       quelquefois un accès
       Qu'est-ce que je disais
       Nous parlions sexe

PÉLADAN. Sexe

ROPS. Restez assis je vous prie
       et rappelez-vous Manet
       le cas Manet
       quand il fit scandale il y a quelques années
       avec son Déjeuner sur
       Et savez-vous pourquoi

PÉLADAN. La nudité de la jeune femme je suppose

ROPS. Très chaste la jeune femme presque pudique
       Mais voilà
       les deux bonshommes à côté d'elle
       Manet les présente en costume de ville

PÉLADAN. Au lieu du péplum classique qui innocenterait la scène

ROPS. Stupéfiant non
       Si la jeune femme est une grecque mythologique
       aucun problème
       Si c'est une bourgeoise de Saint-Cloud
       elle devient obscène

PÉLADAN. Ceux qui vous achètent sont des collectionneurs
            des esthètes
               un jour ils seront la majorité espérons-le

ROPS. Pourquoi cela changerait-il
            L'art sera toujours obscène si un seul pas le sépare de la vie
            la pornographie sera toujours tenue en marge
            de la dignité artistique
            Et les poils pubiens autre affaire
            Votre verre est à nouveau vide
            Quand ils ont interdit mon Pornocratès
            c'était la seule raison
            La toison de la femme était visible
            Cela a hérissé les moustaches officielles
            Aussi maintenant
            les expositions c'est fini
            si c'est cela que vous venez me demander

PÉLADAN. Vous dénoncez trop vite et trop fort

ROPS. Pardon je célèbre
         je n'ai rien d'un provocateur
         Un homme donnant au corps d'une femme
         toutes les ivresses que sa bouche peut inventer
         deux femmes se léchant dans l'extase
         me paraissent ce qu'il y a de plus beau à dessiner

PÉLADAN. Le saphisme est une mode
              Vous le portraiturez admirablement
              Mais la femme ne vous accapare-t-elle pas trop
              Ne vous éloigne-t-elle pas de l'idéal

ROPS. Que vous arrive-t-il mon vieux
          les femmes et l'idéal quel rapport

Aurélie entre, portant une autre robe; elle tient un pouf oriental dans les bras et des fleurs dans les mains.

ROPS. Tiens qui voilà

AURÉLIE. Ne vous interrompez pas pour moi
              Un vase sans fleurs c'est ridicule
              Fanées bien entendu

decadence oblige
(*Se tournant vers Péladan*)
A moins que vous ne désiriez me les offrir
(*Interdit, Péladan hésite à répondre*)
Ah cher Maître
vous manquez là une belle occasion

Elle monte lentement dans le petit théâtre où elle dispose le pouf, les fleurs... Silencieusement, elle s'installe ensuite, observant la conversation.

ROPS. Eh oui la décadence nous semble évidente
à nous qui pataugeons dedans
mais le peuple
le peuple ne s'est jamais mieux porté
meilleure alimentation hygiène en net progrès
moindre mortalité débilité en recul
les conditions de vie deviennent acceptables

PÉLADAN. Vous vous souciez du peuple ?

ROPS. La vraie décadence ne serait-ce pas
la lâcheté morale l'hypocrisie des maîtres
la veulerie des petits les jeux de pouvoir
mais nous fûmes décadents depuis le début mon cher
                                                                    Maître

PÉLADAN. Comme vous y allez

ROPS. Vous les jeunes écrivains
vous êtes trop préoccupés de vous-mêmes
pour voir vraiment ce qui se passe autour de vous
Car il y a pire je pense
je le sens confusément
(*Sur un faux ton de confidence*)
les masses sont en passe
de devenir massives
elles vont nous manger mon petit
Le siècle qui vient sera terrible
Moi je ne passerai pas mille neuf cent
ce sera sans regret
bien que les femmes manqueront
à mon désir comme la musique

Un temps.

PÉLADAN. Je crois qu'il vous manque une foi
Le salut des artistes leur devoir
est la révélation du divin
j'aurais aimé vous intéresser à cela
Comme vous le savez peut-être
je suis membre du Conseil Suprême
de l'Ordre de Rose+Croix
mais en tant que mage
je m'apprête à fonder un nouvel Ordre
voué à la recherche du spasme transcendantal
que l'art nous doit
en peinture en musique en poésie au théâtre
La Rose+Croix Esthétique
organisera bientôt son premier Salon

ROPS. Je veux bien vous aider
mais je suis hostile à tout rassemblement
Etre exposé à côté d'un Khnopff non merci
Les francs-maçons m'ont déjà eu remarquez

PÉLADAN. La franc-maçonnerie !

ROPS. Un an
J'étais jeune
J'attrapais des fous-rires aux cérémonies

PÉLADAN. Je ne désespère pas

ROPS. Ce n'est pas la peine

PÉLADAN. Mais en fait je venais
vous demander
autre chose

ROPS. Oui de quoi s'agit-il

PÉLADAN. Le premier tome de mes études passionnelles de
                                                              décadence

ROPS. Oui

PÉLADAN. Va être édité et
       je viens vous demander
       de l'honorer d'un frontispice

ROPS. De quoi s'agit-il

PÉLADAN. Une histoire des mœurs contemporaines
       perçues à traver le vice

ROPS. Cela me semble dans mes cordes

PÉLADAN. Une peinture du vice
       comme si on l'aimait
       pour le flétrir et le maudire

ROPS. En fin de compte vous m'avez l'air
     plus pervers
     que catholique

PÉLADAN. Ne vous moquez pas

ROPS. Vous m'êtes sympathique

PÉLADAN. Cela s'intitule
       "Le vice suprême"

ROPS. Il y en a donc un suprême

PÉLADAN. Vous avez toute liberté bien sûr

ROPS (*réfléchissant*).
     L'amour dans la mort
     Je me trompe ?

PÉLADAN. Je vous ai apporté la première épreuve

ROPS (*saisissant le manuscrit*).
     Je vais me délecter on dirait

Dans le petit théâtre, Aurélie vautrée sur le pouf, a remonté progressivement sa robe, découvrant ses pantalons et laissant à présent béer l'entrecuisse face à Péladan qui s'en aperçoit, stupéfait.

ROPS (*lisant quelques titres de chapitres*).
L'amant et l'amie
L'androgyne
Le bal
Entre femmes
Persée et Andromède
Mérodack (*c'est vous*)
Séduction
Les pervers (*que disais-je*)
L'orgie dominicale
L'envoûtement
L'ivresse du sacrilège
La tentation de saint Antoine
La tristesse de Mérodack (*encore vous*)
Le cadavre
L'interdiction
(*Sans regarder le jeu d'Aurélie*)
N'est-ce pas obscène

PÉLADAN. De quoi parlez-vous

ROPS. Eh bien
de ce qui se passe dans le petit théâtre mon vieux

PÉLADAN. Certes
Je crois que je vais vous laisser
selon l'expression de Madame
Vous avez sans doute du travail en retard
une séance de modèle ou

ROPS. Et si le modèle descendait
et venait se planter devant vous

PÉLADAN. Ah
Ce
Je

Aurélie quitte sa position, se lève et se dirige vers Péladan.

ROPS. L'offrande d'un sexe
vous est donc obscène

PÉLADAN. C'est-à-dire que la situation est impossible

ROPS. Admettons que je sois absent
   je me cache

Ce qu'il fait maladroitement tandis qu'Aurélie arrive devant Péladan.

PÉLADAN. Mais vous êtes là
   et de toute manière je n'ai pas l'habitude
   de répondre aux avances d'une femme

AURÉLIE. Cher monsieur
   je vais vous reconduire si vous le désirez

PÉLADAN. Trop aimable

ROPS. Vous nous quittez déjà

PÉLADAN. J'espère vous revoir bientôt

ROPS. Dès que j'ai lu votre manuscrit
   et que j'ai un dessin à vous proposer
   Je
   ne
   sais
   quand

PÉLADAN. Peut-être pourrions-nous dîner en ville
   ou nous rendre à une soirée de théâtre

ROPS. Le théâtre hélas

PÉLADAN. Pourtant

ROPS. Toutes ces conventions ces émotions débordantes

AURÉLIE. Si vous voulez me précéder
   je vous montre le chemin

PÉLADAN. Cher Maître
   oserais-je : à tout bientôt ?

ROPS. Osons mon cher vieux cher
   Vous m'étiez
   sympathique

Péladan sort, suivi d'Aurélie qui revient aussitôt sur ses pas.

AURÉLIE. Un ou deux sucres dans le café ?

Laissé seul, Rops monte dans le petit théâtre, s'installe à l'orgue, laisse tomber le manuscrit, semble méditer, indécis et fébrile, devant l'instrument, essaie une pose immobile, se lève, en essaie une autre, se vautre sur le pouf de la même façon qu'Aurélie qui entre alors.

AURÉLIE. Il y a une visite pour toi
             monsieur Paillet
             Je peux faire entrer ?

ROPS. Est-ce qu'on va me foutre la paix avec Paillet !

Léontine entre, habillée en homme.

LÉONTINE. Enfin mon cher Félicien je vous trouve

ROPS. Que signifie ce cirque

LÉONTINE. J'espère que je ne vous prends pas au dépourvu
             Je vous avais écrit un mot pour annoncer ma
             Vous l'avez bien reçu ?

ROPS (*à Aurélie*).
        C'est la meilleure

LÉONTINE. Vous ne l'avez pas reçu ?

AURÉLIE. Ecoute c'est important cette commande

LÉONTINE. Vous ne l'avez pas reçu ?

AURÉLIE. Ce serait stupide de la prendre à la légère

LÉONTINE. Vous ne l'avez pas reçu ?

ROPS (*agacé, répondant à Léontine-Paillet pour la première fois*).
        Ah mais

LÉONTINE. Nous mettons sous presse sous peu
             et comme nous avons déjà du retard

ROPS. Du retard

LÉONTINE. Je me suis permis de venir
les prendre directement

ROPS. Prendre quoi

LÉONTINE. Comment
Mais les lithographies pour la réédition de

ROPS. C'est impossible
il y a dix ans que je ne fais plus de lithographies

LÉONTINE. Mais vous me les aviez promises
pour aujourd'hui

ROPS. La technique du vernis mou
mêlé à l'eau-forte
me convient beaucoup mieux

LÉONTINE. Eh bien des eaux-fortes c'est parfait
Vous les avez là ?

Rops ne répond pas, demeure immobile.

LÉONTINE. Félicien
(*A Aurélie*)
Qu'est-ce qu'il a

ROPS (*après un temps*).
Magenta mauve
ou simplement noir
mais rien ne passe la pureté du blanc

Aurélie et Léontine échangent un regard interrogateur.

ROPS. Je n'ai rien à vous montrer

LÉONTINE. Vous diriez cela
Vous vous rendez compte
Vous me mettez dans une situation infernale
C'est le troisième délai que je vous permets
Ce n'est pas sérieux
Vous aviez pourtant reçu une avance

ROPS.   Mes gravures ne se vendent pas assez cher
        pour la peine qu'elles exigent

LÉONTINE.   Vous ne pouvez pas me dire cela
            Je fais un sacrifice pour vous avoir

ROPS.   Je suis toujours mécontent de moi
        je travaille une planche pendant des jours des semaines
        si une main dérape j'efface tout

LÉONTINE.   Trouvez autre chose

ROPS.   Dessiner graver
        c'est de la sueur du sang

LÉONTINE.   On connaît la chanson mon vieux

ROPS.   Précisément
        cela n'est jamais perçu

LÉONTINE.   Doit-on sentir la souffrance dans l'œuvre
            Souffrir est si commun

ROPS.   C'est-à-dire que j'en ai assez
        mon petit vieux

LÉONTINE.   Mais le plaisir
            la joie de trouver
            de réussir

ROPS.   L'amertume
        l'insatisfaction

LÉONTINE.   Vous êtes un hypersensible mon cher
            je ne voudrais pas vous causer de problèmes
            mais il y a des réalités

ROPS.   Je n'ai de comptes à rendre à aucune réalité

LÉONTINE.   Vous composez des gravures pour moi
            c'est une réalité ça

ROPS.   Oui entre vous et moi il y a les gravures
        l'art est une distance pas un lien

        et en vous voyant là j'en arrive à penser
        que c'est une concession terrible que je vous fais
        Vous éditez mes œuvres

LÉONTINE. Encore heureux

ROPS. Mais vos yeux sont sales
        Ils suintent l'argent la complaisance
        Qu'est-ce que vous y comprenez à la gravure
        Je n'ai pas assez de mots
        pour dire mon dégoût de vos manières

LÉONTINE. Ne dites plus rien et dessinez
        Si c'est fort je pourrai toujours en faire quelque chose
        Dessinez la révolte le refus
        excellent
        Allez-y dégorgez vos sentiments

ROPS. Ce n'est plus la peine

LÉONTINE. Si toujours

ROPS. Assez !
        J'aimerais fracasser ce regard de faux complice
        Je suis fatigué d'avoir à vous côtoyer
        Je ne suis pas d'ici
        Je ne suis avec personne

LÉONTINE. Je je je
        Regardez ce que je vous ai apporté

Elle tend à Rops un paquet de linge contenant un ange au crâne squelettique.

LÉONTINE. Je l'ai recueilli dans la rue
        ses parents étaient sans doute trop pauvres

Rops déballe le paquet, caresse l'ange-squelette.

ROPS. Quel amour

LÉONTINE. Vous devriez arrêter de vous tourmenter c'est inutile
        et très mauvais pour le cœur

ROPS. J'ai du mal

LÉONTINE. Ah ces artistes

ROPS. Mais oui les artistes fatiguent à la fin

L'ange à la main, il s'approche de Léontine, lui défait son chignon, caresse sa nuque. Elle se laisse faire, puis subitement se défend.

LÉONTINE. Félicien je vous en prie
          Vous attrapez des façons homophiles à présent
          en présence de votre femme
          (*Elle regarde Aurélie*)
          Cessez ce jeu
          (*Dégageant vers le petit théâtre*)
          C'est donc
          ici
          que cela se passe
          l'autel où elle viennent s'offrir

ROPS. Tu es excitante habillée ainsi

LÉONTINE. Et si je restais vous aider ?

ROPS. J'ai besoin d'être seul voyez-vous
       c'est ce que vous semblez ne pas saisir

LÉONTINE. Je vous assisterais
          je choierais les modèles

ROPS. Le membre érigé ne vous choque pas au moins
       madame Monsieur

LÉONTINE. Mon cher je suis comme vous
          j'aime les gaillardises

ROPS (*s'approchant de Léontine et recommençant à lui caresser le cou*).
       Vraiment ?

Léontine a un geste de recul, puis s'abandonne, embrasse la main de Rops.
Aurélie fait un mouvement pour sortir. Léontine le sent.

LÉONTINE. Et les dessins de la nouvelle collection
           Tu n'as même pas remarqué la robe d'Aurélie

ROPS. Mais si
     Très belle
     Si j'avais la tête à ça

Léontine rejoint Aurélie, demeurée à l'écart pendant la scène.

LÉONTINE. Monsieur attend son modèle
           Sortons

AURÉLIE (*à Rops*).
          Je te laisse la robe ?
          Non je plaisante
          (*à Léontine*)
          Il m'a promis de nous créer
          de nouveaux modèles
          des patrons
          originaux
          selon son
          goût

Elles sortent en ne cessant de le regarder.
Il se verse un verre, effectue des changements dans le petit théâtre, descend, tourne en rond comme il l'avait montré à Péladan, revient au petit théâtre, de plus en plus fébrile, l'ange toujours à la main, incapable de se concentrer sur une action, ses mouvements reprenant des attitudes précédentes.
Nouvelle entrée d'Aurélie.

AURÉLIE. Le modèle est arrivé
          Dois-je faire entrer Maître ?

ROPS (*excédé*).
     Oui Maîtresse

Léontine entre alors, recouverte d'un châle dont elle imagine que les modèles se couvrent entre deux poses.
Rops les regarde l'une l'autre avec une rage stupéfaite.

LÉONTINE. Elle ne viendra pas
          Elle ne peut te retarder indéfiniment
          dans ton travail

ROPS. Mais c'est elle que je veux

LÉONTINE. C'est ainsi que les commandes ne sont pas respectées et qu'on perd de l'argent

AURÉLIE. Et la réputation

LÉONTINE. A l'œuvre les amis

Elle monte dans le petit théâtre tandis qu'Aurélie prend dans l'armoire des crayons et des grandes feuilles à dessin qu'elle dispose sur le chevalet.

ROPS. Le courage me manque
de tout arrêter
J'aimerais me réveiller
maintenant
vous quitter
et avec vous le monde
maintenant

AURÉLIE. Que dis-tu Fély

LÉONTINE. Le moment est mal choisi
pour les états d'âme
Où je me place ?
Qu'est-ce que je fais ?

AURÉLIE. A l'orgue peut-être
mais face à nous
(*A Rops*)
Qu'en penses-tu

ROPS (*comme en retrait*).
Oui l'orgue bien sûr
les mains sur le clavier
le regard de côté

AURÉLIE. Mais elle ne sait pas jouer

ROPS. Elle ne sait pas jouer
Elle ne sait pas jouer

AURÉLIE. Et puis un sourire non ?

ROPS. C'est cela
   sourire

AURÉLIE. Un sourire diabolique
   comme une qui revient de l'enfer
   qui en aurait vu le sublime

ROPS. Le sublime de l'enfer

AURÉLIE. Et puis nue alors

LÉONTINE. Dis il ne fait pas démesurément chaud
   alors au dernier moment si tu veux bien

ROPS. Nous en sommes au dernier moment ?

AURÉLIE. Tu ne le sais pas ?

LÉONTINE. Il y a un petit courant d'air ici
   Je rêve ?

AURÉLIE. Tu veux commencer par dessiner la robe ?
   C'est égal

LÉONTINE. Mais oui un léger vent coulis
   (*Elle se penche en arrière*)
   Là rien

ROPS (*pour lui-même*).
   Improbable

AURÉLIE. Qu'est-ce que tu préfères

LÉONTINE (*se penchant en avant*).
   Ici on le sent

ROPS. Une présence improbable

AURÉLIE. Je ne sais pas Félicien

Clara Blum est entrée sans bruit.
Rops la dévisage, mais demeure dans ses pensées.
Aurélie s'en aperçoit, se retourne.

AURÉLIE. Vous tombez à pic

CLARA BLUM. C'était ouvert
                Je

AURÉLIE. Mais oui

LÉONTINE   (*descendant du petit théâtre*).
                Ainsi donc c'est vous
                Nous vous attendions

AURÉLIE. Nous n'espérions plus

LÉONTINE. Mettez-vous à l'aise

AURÉLIE. Désirez-vous du café
              ou quelque chose

Elles la débarrassent.

LÉONTINE. Elle est ravissante Félicien

AURÉLIE. Ravissante

LÉONTINE. Et pas si maigre que cela
              (*A Clara Blum*)
              Tournez un peu
              (*A Rops, admirative*)
              Superbe
              (*A Aurélie*)
              Eh bien bon

AURÉLIE. Nous allons vous laisser
             (*A Clara Blum*)
             Je dépose vos affaires ici

LÉONTINE. Je dois vous prévenir
              qu'il y a un léger vent coulis là-haut

AURÉLIE. Venez Léontine
            nous ne pouvons rester plus longtemps

Elles sortent en regardant Rops, incertain, dans un état second.
Un long moment.

Alors que les scènes précédentes se sont déroulées dans un délire accru, on perçoit à présent un apaisement, une suspension étrange.

ROPS. Vous avez été longue à venir

CLARA BLUM. Je suis là

ROPS. C'est la première fois
que vous posez pour un peintre ?

CLARA BLUM. Vous êtes graveur non ?

ROPS. Principalement
Je peins aussi
La peinture me repose

CLARA BLUM. Oui c'est la première fois

ROPS. Vous connaissez mon œuvre ?

CLARA BLUM. Non
C'est important pour

ROPS. Non
C'est même mieux

CLARA BLUM. Je ne sais pas grand-chose de l'art
Mon métier me prend tout mon temps
Sans cesse occupée à gauche à droite
Le monde n'arrête pas de se déverser en moi

ROPS. C'est exactement cela le problème
On n'en finit pas d'évacuer l'accessoire

Un temps.

CLARA BLUM. Je suis tellement à côté
de ce que les hommes attendent

ROPS. J'ai du mal à le croire

CLARA BLUM. L'échange se limite au sexe
un commerce
accompli avec la plus grande facilité
le plus grand mépris

ROPS. Comment pouvez-vous

CLARA BLUM. J'aime jouer
　　　　　　　tricher
　　　　　　　Et puis il faut vivre n'est-ce pas

ROPS. On ne vit pas vraiment
　　　　Mais que faire

CLARA BLUM　　(*face au phalle*).
　　　　　　　Je n'en ai jamais connu de pareils
　　　　　　　Quelle prétention

ROPS. Vous prenez un verre de vin ?

CLARA BLUM. Je ne bois pas
　　　　　　　Pas le matin
　　　　　　　Pas encore

ROPS. Pourquoi avez-vous accepté de poser

CLARA BLUM. Vous le savez bien

ROPS. Ce ne sera peut-être pas facile
　　　　Je vais vous demander de demeurer immobile
　　　　pendant un long moment
　　　　et en même temps de donner l'illusion du mouvement
　　　　comme prise entre deux mouvements voyez
　　　　Evidemment tout cela est artificiel mais
　　　　c'est un peu le principe de l'art

CLARA BLUM. C'est aussi le mien

ROPS. Oui pour être au plus près d'une vérité

CLARA BLUM. Là je ne vous suis plus

ROPS. Je crois qu'il y a une logique dans l'art
　　　　qui n'est pas celle de la vie
　　　　et qui est au cœur de la vie

CLARA BLUM. Le public saisit votre logique ?

ROPS. Les gens sont tellement à côté
　　　　de ce que j'attends d'eux

CLARA BLUM. Il n'y a rien à attendre

ROPS. Je ne parviens pas à m'y résigner

CLARA BLUM. Vous perdez du temps

ROPS. C'est mon luxe

CLARA BLUM. Qu'espérez-vous

ROPS. Une dimension supérieure

Un temps.

CLARA BLUM. Ça raconte quoi vos tableaux ?

ROPS. Cela vous intéresse ?

Un temps.

ROPS. La peinture presque uniquement des paysages
        une ouverture vers le ciel la lumière
        Les dessins et les gravures l'époque
        à travers le sexe surtout
        et puis il y a la mort aussi

CLARA BLUM. C'est pour cela que je suis ici je suppose

ROPS. Effectivement

Clara Blum passe dans le petit théâtre, prend la mesure de l'espace et des choses et, avec une simplicité cérémonieuse, commence à se dévêtir tandis que Rops, déambulant dans la pièce avec son ange-squelette, manipulant machinalement des crayons et des feuilles, se rasseyant dans le fauteuil, se ferme progressivement sur lui-même.

ROPS. Mais l'époque l'époque
        je la connais trop
        je l'ai trop vécue l'époque
        comment s'en arracher
        on est trop lié
        on est trop sociable
        on est trop dans le passage la fuite

>   Vous connaissez cela bien sûr
>   les rencontres la découverte
>   de nouveaux visages
>   Incapable de chasser les autres de soi
>   Ce n'est pas faute d'avoir essayé
>   Que faire que faire
>   Se détruire ?
>   pas mon genre
>   S'abstraire dans les fascinations funèbres
>   même là on n'est pas seul
>   il y en a que vous n'aimez pas
>   qui viennent vous reconnaître comme un frère
>   qui frémissent là où vous tremblez
>   Evidemment c'est heureux du point de vue économique
>   mais j'aurais voulu être vraiment seul
>   ne pas retrouver mes insuffisances
>   dans celles des autres
>   Conclusion : la dispersion
>   mi-solitaire mi-mondain
>   ni solitaire ni rien
>   une dérive que la fatigue vient justifier

Clara Blum cesse d'ôter ses affaires, elle semble distraite.

CLARA BLUM. Une sensation âcre

ROPS. Oui
>   J'ai de plus en plus de mal à me supporter
>   on arrive au point limite
>   au seuil de l'intolérable
>   Dire que j'ai trop de santé
>   pour le suicide
>   trop d'orgueil pour le silence
>   aucune révolte Dieu merci
>   On croit qu'il y a quelque chose à faire
>   une cause à défendre
>   une foi à propager que sais-je
>   La seule vue d'un curé dispense de croire en Dieu
>   le contact d'un politique anéantit l'idée de l'homme

CLARA BLUM. Les curés sont plus longs
>   et plus chiches

Rops rit silencieusement, Clara Blum s'installe à l'orgue dans la même position que Léontine. Après une hésitation, elle commence à jouer.

ROPS. Le rire oui une sauvegarde
Chez vous aussi sans doute
le rire a pris la fonction de la révolte
Même dans les situations les plus extrêmes
j'éprouve le besoin de rire comme un âne
parce qu'enfin rien ne tient debout
tout est parfaitement dérisoire

CLARA BLUM. Tragique

ROPS. L'étroitesse de l'existence
n'autorise aucun tragique
c'est cela qui l'est
Toujours envie de faire une petite plaisanterie
au moment le moins opportun
face au mort allongé aux proches serrés devant l'héritage
en plein cœur d'un discours d'une déclaration de cœur
ou au milieu de l'orgasme
à l'instant fatal où le médecin t'annonce
que tu n'as aucune chance

CLARA BLUM. Tragique

ROPS *(allumant un cigare).*
La fumée ne vous dérange pas ?
Le premier de la journée
le meilleur
Pourquoi se plaindre
alors qu'il existe de si bons cigares
Remarquez j'ai pris beaucoup de plaisir
dans la séduction l'échange
Vous m'aviez caché
que vous connaissiez la musique
Il y a de l'amour dans vos doigts
La musique
la musique seule est absolue
et moi je suis un peintre
Je pense que je ne travaillerai pas aujourd'hui

(*Il laisse tomber les feuilles blanches du chevalet*)
Et pourtant de ma vie je n'ai arrêté
L'art m'a
l'art
Vous savez plus on vieillit
plus les questions de forme deviennent fondamentales
au point qu'à la fin il ne reste plus que cela
mais quelle importance
oui
je ne sais pas
comme un problème non résolu
qui tiendrait en éveil
la vie même
est improbable
difficile de prendre cela au sérieux
Et voilà
la journée est à peine entamée
que déjà
Se retirer doucement
par le cœur
Vous pouvez
rester
bien sûr

Rops dans le fauteuil se fige dans la même attitude qu'au début.
Ni éveillé ni endormi, une présence absente.
Clara Blum se retourne, arrête de jouer, regarde Rops, attend, finit par se lever et s'habiller.
Elle sort.
Après un moment entre Aurélie, suivie de près par Léontine.
Elles sont dans le même état qu'au départ du spectacle.

AURÉLIE. Je croyais qu'il était chez toi

LÉONTINE. Chez toi non plus ?

AURÉLIE. Dormi ici
    Rien dessiné

ROPS (*sortant de son état*).
    Déjà levées
    Ah mais nous avons de la visite aujourd'hui

AURÉLIE. Tu as l'air épuisé
　　　　　Tu devrais arrêter les nuits blanches

ROPS. Mais j'ai bien dormi
　　　un peu raide mais

LÉONTINE　(*découvrant le chapeau de Clara Blum, à Aurélie*).
　　　　　C'est à toi cela ?

ROPS. Un sommeil de mort

Les dernières hallucinations de Lucas Cranach l'Ancien

Les dernières hallucinations de Lucas Cranach l'Ancien ont été représentées pour la première fois le 3 janvier 1990 au Theater De Synagoge à Tilburg (Pays-Bas), sous le titre *De ultieme gevoelens van Lucas Cranach de Oude*.

Mise en scène et chorégraphie : Nicole Mossoux et Patrick Bonté.
Musique originale : Christian Genet.
Scénographie : Jean-Claude de Bemels.
Costumes : Colette Huchard.
Maquillages : Jean-Pierre Finotto.
Eclairages : Patrick Bonté.
Distribution : Lilian Bruinsma, Yildou de Boer,
　　　　　　　Emilie Sterkenburgh et Ives Thuwis.

Une version nouvelle du spectacle a été créée le 17 août 1991 au Festival de Tampere (Finlande) avec la distribution suivante : Lilian Bruinsma, Isabelle Dumont, Claire Haenni, Nicole Mossoux et Ives Thuwis.

La production était assurée par le Théâtre de l'Atelier Sainte Anne à Bruxelles (direction Serge Rangoni), le Bucrane Théâtre (direction Patrick Bonté) et le Theater De Synagoge (direction Lilian Bruinsma).

Principe

Les dernières hallucinations de Lucas Cranach l'Ancien se présentent comme une proposition dramatique dont le principe est la recréation fantasque d'un moyen âge finissant, à travers des images aberrantes, des actes troubles, dont la référence principale est la peinture de Lucas Cranach (1472-1553).

On trouve en effet chez Cranach une théâtralité de l'étrange qui témoigne d'un *décalage* et d'une distance équivoque du sujet à sa représentation. Constatation d'aujourd'hui certes, qui décèle des failles là où il n'y eut peut-être qu'une plénitude d'intention. Mais ses personnages ne sont jamais exactement ce qu'ils devraient être, leurs sourires, leurs regards sont d'ailleurs, leurs poses souvent prennent corps dans le champ de la perversité...

Mode d'emploi

Elaborées sous forme de propositions d'actions, ou simplement d'images, de motifs d'ambiance, les diverses séquences sont appelées, lors de la réalisation du spectacle, à se combiner, à s'interpénétrer, à agir comme des leitmotive... Leur ordre n'a donc pas d'importance particulière, bien que certaines puissent s'enchaîner naturellement.

Il est primordial que le spectacle découvre sa propre logique, en fonction du choix du metteur en scène et de la réponse des interprètes : il peut très bien ne prendre appui que sur un nombre restreint de scènes, ou même se développer à partir d'une seule.

L'enjeu est de trouver un code original, un langage singulier qui, empruntant au théâtre et à la danse, mêle intimement les deux, et n'appartient ni à l'un ni à l'autre.

La scénographie

Très simple, elle pourrait être constituée d'un ensemble d'objets ou de parties de décor apportés sur le plateau ou descendant des cintres suivant les séquences.

Un seul élément stable : dans le fond de la scène, légèrement en surplomb : un petit théâtre, qui s'apparente davantage à un balcon avec un rebord, pourvu, au second plan, d'un rideau qui s'ouvre et se ferme sur le cadre de scène d'un petit théâtre, pourvu, au second plan, d'un rideau...

Les personnages, leur univers

Sans cesse ailleurs, empruntés dans leurs costumes comme dans leurs actes, ils agissent de façon absente, percevant leur présence respective sans qu'elle les affecte réellement. Ils évoluent et communiquent plutôt par la contagion des sensations, des volontés, des rythmes.

Ils ne peuvent justifier leurs désirs ni leurs refus. Ils sont agis plus qu'ils n'agissent, dépossédés d'eux-mêmes et cependant pleins d'une existence précise. Livrés au paradoxe d'être pris dans une situation sans vraiment le vouloir ni vouloir en sortir...

Leur regard est vide : ils regardent sans voir.

Arrachés de leur cadre, ils circulent dans un monde de torpeur, hanté par la mémoire convulsive d'une existence antérieure, et qui ne garde d'elle que des habitudes incertaines, des attitudes tronquées par des oublis soudains.

Un monde marqué par l'indifférence aux sentiments, à la réalité des rapports humains, à la psychologie et à la sociabilité (alors qu'il est rempli de tout cela).

Un monde qui ne retient de l'être que son côté « décalé », contemplatif et cependant engagé, nerveux sans nerfs, monstrueux sans hystérie, des êtres dont l'étrangeté paraît naturelle...

Et en effet, le *climat* du spectacle devrait osciller entre l'étrange et l'humour, gardant une constante ambiguïté. Même lorsque les scènes ont une tonalité burlesque, l'absence, la distance qui sépare les personnages de leurs actes leur conservent une atmosphère trouble, drôle et sérieuse, évidente et absurde.

LE DOCTEUR CUSPINIAN ET MADAME

Le docteur Cuspinian et sa femme, face à face au balcon, immobiles, comme hypnotisés l'un par l'autre.
Il tient en mains un gros livre et une grande clef, elle une fleur.
Sur le rebord repose un poignard.

Par moments, l'un des deux brise la paralysie, penchant le buste et s'approchant dangereusement du visage de l'autre. Ils tentent d'échapper à la fascination de l'immobile pour retrouver un rapport normal. Ils commencent par vouloir s'échanger leurs objets. Incompréhension : madame Cuspinian reçoit la clef, ne sait qu'en faire, hésite, la dépose, la reprend, la redonne à son mari qui lui ouvre le livre à une page très importante.
Madame Cuspinian y écrase la fleur en le refermant.
Rien à faire, leurs yeux demeurent perdus dans ceux de l'autre sans qu'aucun sentiment, aucune pulsion d'amour ou de rejet ne les animent.
Alors le docteur saisit le poignard, le propose à sa femme.
Il le manipule vers elle, vers lui. Jeu dangereux.
Sous le coup d'une inspiration subite, elle s'empare de la clef : il arrête.
Mais le manège reprend.

Durant toute la scène volettent autour d'eux quelques oiseaux en forme de poisson.

La mélancolie

Deux enfants nus poussent, sous le regard d'un ange qui pleure, une énorme boule lourde qu'ils déplacent à l'aide de crics.
Un troisième tient un cerceau, droit devant la boule.
Le jeu consiste à faire passer la boule dans le cerceau.
A chaque fois qu'ils risquent d'y parvenir, le cerceau recule et apparaît à un autre endroit. Sisyphe.
Les enfants sont très affairés. Très sérieux, concentrés.

L'ange qui pleure est un enfant pâle, anormalement, presque diaphane. Il lutte contre un inévitable évanouissement. Gestes alanguis, déliés, pour se tenir debout, en équilibre.
Et voilà qu'il tombe.
Ses yeux par terre sont ouverts. Sa vision est d'un autre monde.
Il se relève, retombe; et commence ainsi un ballet ailé : une insoutenable légèreté d'être.

L'EXÉCUTION PAR LA TÊTE

Un chevalier tient dans sa main gauche le menton d'un condamné agenouillé, tandis que de la droite il tire du fourreau une immense épée.

D'autres personnages, hommes d'armes et de Dieu, juges, bourgeois, femmes de l'aristocratie et du peuple, les entourent, étrangement impassibles : présents à l'action, ils perçoivent le drame mais demeurent ailleurs, hébétés.

Lorsque le condamné se débat et tente d'échapper à son destin (mais ses pieds et ses mains sont liés), les personnages changent abruptement de place : leurs jambes leur proposent d'autres endroits où retrouver une immobilité.

Cette action se développe et acquiert un certain rythme, le haut du corps restant toujours dans cet ahurissement ou dans l'attitude de la prière, d'une contemplation intérieure équivoque.

Dans le petit théâtre, sur le rebord du balcon, une nymphe allongée joue distraitement avec la grande clef, tout en entamant des grimaces obscènes. Véritables invites sexuelles, mais qu'on peut aussi prendre pour un chuchotis de la plus haute importance théologique. Une révélation de foi.

Plus tard, c'est une femme très belle qu'un soudard vulgaire s'apprête à décapiter tandis qu'on aperçoit, de côté, un évêque deviser secrètement avec le chevalier, tous deux dans un état extrême d'excitation contenue.

La confession au poisson

Un visage vu de profil, cadré en gros plan dans le petit théâtre, parle, explique, raconte, se tait, reprend.
Un bougonnement, des moues de dépit, de regret.
Une confession sans retenue, face au prêtre qui écoute.

Et le prêtre est un gros poisson attentif et silencieux.

Judith devant Holopherne

Sous une lumière d'or se pavane le chevalier Holopherne, le chef du monde.
Judith, en grande pompe, passe et repasse devant lui.
Elle essaie de plaire : elle fait effort pour se montrer avenante, désirable, bien qu'elle semble tourmentée par une pensée toute contraire.
Elle tente de se débarrasser de sa gigantesque robe. Elle désire et ne désire pas quitter la parure : va-t-elle livrer son corps à Holopherne pour sauver le monde de l'asservissement ?
Exercice de séduction contré par des envies de lutte, de destruction. Elle hait cet homme, elle est fascinée malgré elle par la sensation de puissance qu'il inspire. Trouble.

A la fin, sa robe s'ouvre et Judith apparaît nue (elle garde une coiffe et un fin collier qui lui sépare la tête du corps), singulièrement frêle sans le vêtement protecteur qui demeure bizarrement droit, comme une coquille désertée.
Son attitude alors change : sa tête penche, éclairée d'un sourire ineffable, annonciateur de toutes les perversités; la danse de séduction se poursuit, mais les mouvements sont d'une fluidité syncopée, quelque chose d'irrésolu vicie la simplicité des gestes...

Les anges déchus n'annoncent plus

Une madone, drapée d'un bel habit, brille d'un morne éclat. Bien que la situation d'une Vierge en attente d'une révélation divine devrait l'illuminer de l'intérieur, elle tire visiblement la gueule.

L'ange ne vient pas, rien ne vient, rien n'arrive en ce monde, c'est le désert. Elle prie machinalement pour déjouer son impatience et son dépit.

C'est alors que, du fond de la scène, apparaît en rampant et en se contorsionnant abominablement comme le font les poissons tirés de leur élément : un ange. C'est lui qui vient apporter l'heureuse nouvelle.

Mais il paraît tellement misérable qu'à aucun moment elle ne semble s'apercevoir de sa présence.

A la fin, la Vierge s'en va, laissant l'ange à terre comme une dépouille dépareillée.

Judith Holopherne

Dans le petit théâtre se tient Judith, droite et fière.
Son visage, son maintien, évoquent une indéniable santé.

Assise à table, elle serre dans sa main droite une grande épée verticale tandis que la gauche est posée sur la tête d'Holopherne, tranchée, les yeux grands ouverts. On pourrait croire à la caresse tendre d'une gardienne un peu maternelle qui s'apitoie sur l'horreur de son acte, mais la meurtrière alors fait rouler la tête (une balle molle) et l'envoie de la main contre l'épée dont elle forme une barrière.
Le jeu devient de plus en plus violent. L'épée pique la tête, et puis c'est une queue de billard qui percute le crâne, et Judith dont l'attitude se fait de plus en plus égrillarde !

Pendant ce temps, à l'avant-plan est entré le comte Alexandre : il porte un habit très ample, recouvert d'une courte cape qui lui fait un large buste d'où sortent de fines jambes. Comique du contraste.
Il s'entraîne à la danse, il répète un bal : seules bougent ses jambes (un mouvement rapide, et précis), le visage, le buste demeurent impassibles, non concernés par ce qui se passe en bas.

Les deux actions se déroulent simultanément, sans interférence.

Le bal

Il y a deux femmes, ceintes d'une immense robe et d'une coiffe en forme d'énorme champignon,
 il y a un chevalier à la pesante démarche (l'armure !) et portant un grand heaume,
 et puis l'évêque, équipé de l'encombrante crosse et de la monstrueuse mitre.

Ils occupent chacun le coin d'un carré imaginaire.
Ils attendent la musique.

Une musique effectivement se fait entendre. Elle n'évoque guère la fête ni la danse. Ils ne s'en soucient pas et se mettent à exécuter un quadrille dérisoire avec des arrêts, des reprises, des croisements de couples... : comme s'ils suivaient les figures d'une mystérieuse danse folklorique, étrange, sinistre, sans objet.

Au moment final, tous se retrouvent nez à nez, ne sachant soudain plus ce qu'ils font là.

L'ADORATION EN MOINS

Alors qu'ils sont pris dans une interrogation sans fond sur leur être et leur présence, descend du ciel, et lentement, une poupée auréolée.

Les deux femmes, le chevalier et l'évêque s'assemblent autour d'elle comme les bergers adorateurs de l'enfant Dieu.
Ils se penchent. Ils se relèvent. Ils se penchent à nouveau.
Ils s'interrogent réciproquement. Ils ne savent que penser.
Ils touchent peut-être le petit comme une relique.
Ils ne sont pas sûrs de leur coup.

Les princes malsains

La poupée abandonnée, seul demeure, un peu à l'écart, le chevalier. Gardien discret, il tient son épée tirée du fourreau.

Entre un enfant, le prince Maurice de Saxe, tenant en mains, dans la même pose que le chevalier, un tibia humain.
Il s'approche de la poupée dont il compte s'emparer lorsque la petite princesse Sybille de Clèves à son tour fait son apparition.
Elle aussi est armée d'un tibia.
Elle aussi s'intéresse à la poupée.

Après un moment d'observation, une dispute s'engage, une lutte d'intimidation, chacun brandissant son tibia comme une épée. Le chevalier, attentif mais l'esprit ailleurs, reste de glace.

L'atmosphère que les enfants dégagent est malsaine au dernier degré; d'innocents pervers, cruels, adorables, horribles.

Dans le petit théâtre, on découvre leurs doubles de la taille d'une poupée, tandis que derrière le rideau apparaît subrepticement un personnage qui ressemble à l'enfant Dieu, et qui observe la scène d'un air méfiant.

Adam et Ève

Nus et sans tête !

Elle ne cesse de lui proposer la pomme. Il a beau être tenté, il hésite, ah ce qu'il hésite...

Leurs corps accomplissent les gestes en dessinant des formes dans l'espace; bras et jambes se meuvent d'une façon parallèle et complémentaire : ils camouflent par la chorégraphie les atermoiements de l'esprit face à l'irrésistible incongruité du désir.

Les caresseuses

Dans la fenêtre du petit théâtre se laisse voir une poitrine d'homme nue, très blanche, belle et tentante.

Deux visages de femmes entrent dans l'image : elles sourient vaguement et coulent vers nous des regards torves tandis que leurs mains s'activent à dépouiller la poitrine de ses poils.

Mais l'éradication ne va pas sans caresses ni chatouilles, et ce sont à présent des serpents qui grouillent sur elle comme autant de doigts...

On voit alors la poitrine descendre, puis le visage, pâle comme mort, et nos amies se retrouvent seules.

Elles songent à leur enfance, aux jeux d'autrefois, à l'homme dont elles rêvaient et qui ne vint jamais les prendre, à tout ce temps perdu, et puis au secret terrible qu'elles voulaient se confier et dont elles ne parviennent plus à se souvenir.

Elles se perdent en suppositions, en pensées inabouties.

Leur tête ballotte comme d'incertaines fleurs.

Crucifixion en rose

Un Christ en croix.
Au bout d'un moment de souffrance, il se livre à des contorsions grotesques, obscènes. Il ne tient pas en place sur cette croix ! Entre la douleur et sa dérision, le personnage du Christ ne sait pas vraiment où se situer.

Et la Vierge, qui va et qui vient à quelques pas de lui, sans vouloir daigner le remarquer...
Bien plus attirée par l'évêque qui lui montre sous le manteau quelques indulgences, quelques images de traverse, lançant des regards entendus vers le crucifié.

Arrive le laveur de Christ, muni d'un seau de peinture et d'un long bâton terminé d'une brosse : il la trempe dans le seau et la dirige vers le crucifié qu'il barbouille de rose.
Il part, revient, entame la deuxième couche, tandis que l'évêque approche dangereusement sa crosse du saint visage. L'enfer pour le pauvre qui, harassé, finit par glisser de la croix. Il avise la Vierge qui s'est pieusement repliée à l'écart de la scène. Il s'approche d'elle, se recroqueville en ses bras, lui découvre un sein qu'il suce négligemment.
L'évêque a gardé ses distances, mais jette un œil déçu vers cette piètre piéta. Pour un peu, il prendrait la place du Christ.
Mais non, il se contente du second sein, et la Vierge alors relève la tête, et soupire. *Mon dieu, quelle gourmandise !*

Le rêve de la tête

Dans un plat repose la tête d'Holopherne. Tout autour d'elle, ce ne sont que nourritures exquises, volailles, fruits, coupes de vin...

Derrière la table, Judith, nue, tient dans sa main droite un couteau. Le visage penche, pris par l'ineffable sourire.

A un moment, la tête d'Holopherne se met à bouger. Tout à fait remise de sa décollation, elle reluque les plats qui l'entourent, fixe un fruit et multiplie les efforts pour s'en approcher.
Le couteau de Judith, lui aussi, désire l'indépendance : il se retourne contre le ventre qu'il parcourt, caresse, menace; Judith va se tuer, elle cherche l'endroit idéal où planter le poignard.

A l'avant-plan, un ange joue du luth en susurrant une mélodie nasillarde.
Une paix ridicule enveloppe toute la scène.

La dernière confession

Et soudain tous sont pris d'un atroce effroi !
Le monde leur pèse, leur vie, ils n'en peuvent plus de supporter l'absurde récurrence de tous ces actes, ils n'en peuvent plus d'être soumis à des forces qui les submergent et dont ils reconnaissent cependant le caractère inéluctable.
Ils voudraient sortir de leur corps.

Ils voudraient se projeter en avant.
Ils voudraient ne plus être.

L'Histoire leur fait horreur soudain, sous la peau leur pousse la peste, ils sont pris de démangeaisons, de nausées, d'évanouissements. Et ils rient aussi, car ils savent le ridicule de ces ébats, et la forme grotesque que prend leur visage lorsqu'ils le livrent à l'affolement.

Mais la fin leur fait pareillement peur, ils craignent l'aboutissement abrupt d'une existence dont ils aspirent à se débarrasser. Ils aimeraient *se mettre bien* devant l'éternité, arrêter une image nette, libre d'entraves et de remords.

Et si, avant de laisser ce monde, il leur restait un mot à dire, un geste à faire, qui rachèterait tout, qui les délivrerait de tout ?

Ils cherchent, ils cherchent.

Et ils nous quittent ainsi.

TABLE

Les Enfers secondaires   7

Les dernières hallucinations
de Lucas Cranach l'Ancien   75

Achevé d'imprimer le 4 décembre 1991
Imprimerie L'erreur des Champs
Tél. 68.61.11.11

Dépôt légal : 4ème trimestre 91